En håndbog til

Det perfekte liv

En håndbog til

DET PERFEKTE LIV

Heidi Cara Van Pihlskoven

BoD – Books on Demand GmbH

En håndbog til DET PERFEKTE LIV
Af Heidi Cara Van Pihlskoven

© 2024 Heidi Cara Van Pihlskoven

Forlag: BoD · Books on Demand GmbH, In de Tarpen 42,

22848 Norderstedt, Tyskland

Tryk: Libri Plureos GmbH, Friedensallee 273, 22763

Hamborg, Tyskland

ISBN: 978-87-4305-869-4
1. udgave, 1. oplag